Über die Autorin

Astrid Schneider ist Amazon-Bestseller-Autorin, Coach und Trainerin für hochsensible Kinder sowie Expertin für Selbstliebe, Beziehungen und Burnout Prävention. Mit ihren Impulsen und Strategien unterstützt sie Kinder und Erwachsene in Krisen sowie stürmischen Situationen und zeigt ihnen ihr wahres Potenzial auf. Weit über 60 Bücher aus unterschiedlichen Genres stammen aus ihrer Feder. Sie liebt es, Menschen mit ihren Worten zu berühren, zu verzaubern oder zu motivieren. Am liebsten schreibt sie Kinderbücher, in denen sie wertvolle Botschaften über Gefühle, Achtsamkeit, Freundschaft, Zusammenhalt und Mut positioniert.

Als Ghostwriterin schreibt sie auch Romane oder Biografien für Verlage und Prominente und kreiert stärkende Workbooks in ihrer Kreativschmiede.

Mit ihren Kindercamps und Retreats in Niederösterreich/Gutenstein bietet sie (hoch)sensiblen und feinfühligen Seelen auf einem Kraftplatz etwas Besonderes.

www.astridschneider.com

Brief an das Kind

Hallo, du wundervolles Kind, ich freue mich sehr, dass mein Buch dich gefunden hat.

Dieses Buch ist gefüllt mit spannenden Übungen und mutmachenden Sätzen (Affirmationen), die dir zeigen sollen, wie einzigartig und wunderbar du bist, mit allem, was du in dir trägst.

Du bist eine Bereicherung für die Welt mit deiner sensiblen und einfühlsamen Art. Deine Fähigkeit, so tief zu fühlen und zu verstehen, macht dich zu etwas ganz Besonderem. Ich hoffe, dass dieses Buch dir dabei hilft, zu erkennen, wie wertvoll du bist und wie viel du bewirken kannst.

Nun wünsche ich dir viel Spaß und Freude mit all den bunten Seiten, kraftvollen Mutmachsätzen und vielseitigen Übungen. Jede Seite soll dich daran erinnern, dass du stark bist und alles erreichen kannst, was du dir wünschst.

Glaube immer an dich und deine Träume.

Ich glaube auch ganz fest an dich!
Alles Liebe, Astrid

Liebe Eltern,

als Trainerin und Fachberaterin für feinfühlige und hochsensible Kinder weiß ich genau, dass viele Eltern oft vor besonderen Herausforderungen stehen, wenn es darum geht, Ihre sensiblen Kinder zu unterstützen und zu verstehen. Die intensiven Emotionen und die täglich überwältigenden Eindrücke, denen diese Kinder gegenüberstehen, sind für Eltern oft schwer zu lenken.

In meinen Coachings, aber auch Erlebniscamps für sensible Kinder ist es immer dieselbe Frage, die tief in den Eltern schlummert: „Wie kann ich mein Kind bestmöglich auf seinem Weg begleiten?"

Mit meinem Buch möchte ich Ihnen ein Tool an die Hand geben, mit dem Sie das Selbstbewusstsein Ihres Kindes stärken können. Es bietet einen Raum für persönliches Wachstum und Reflexion und ermöglicht zudem, dass Ihr Kind sein volles Potenzial erkennen und entfalten kann.

Die Kraft von Affirmationen (Mutmachsätzen) ist gewaltig, und umso wichtiger ist es, dass sie bereits im Kindesalter angewandt werden. Affirmationen können vieles im Leben Ihres Kindes verändern, auch dass die Sensibilität als Geschenk zu betrachten ist.

Was kann dieses Buch bewirken?

Dieses bunte Buch bietet 40 kraftvolle Affirmationen (Mutmachsätze), Impulse und dazugehörige Übungen an.

Die abwechslungsreichen und aktiven Übungen bringen große Freude und ermutigen das Kind, aktiv zu werden, seine Emotionen auszudrücken, sie aufzuschreiben oder zu malen. Sollte Ihr Kind noch zu klein für manche Übungen sein, bietet es sich wunderbar an, es zu unterstützen und eine tolle gemeinsame Aktion daraus zu machen.

<u>Was bewirken diese Affirmationen und Übungen?</u>

Für das Kind:

- Affirmationen helfen dem Kind, sich selbst positiv wahrzunehmen und an seine Talente und Fähigkeiten zu glauben.
- Durch regelmäßige Anwendung lernt das Kind, seine Emotionen besser zu verstehen und zu kontrollieren.
- Die Affirmationen helfen dem Kind in Zukunft besser, mit schwierigen Situationen umzugehen und sie zu bewältigen.
- Das gemeinsame Durchführen der Übungen und Affirmationen wird die Eltern-Kind-Beziehung stärken und zu einer größeren Verbundenheit zwischen Ihnen führen.

Was kann dieses Buch bewirken?

Für die Eltern:

- Durch das Buch und die Tools können Eltern ihre Kinder gezielt unterstützen, damit das Kind besser mit seinen Emotionen umgehen kann und selbstbewusster wird.
- Die gemeinsame Praxis wird die Kommunikation verbessern, da die Übungen dem Kind eine Möglichkeit bieten, über Emotionen zu sprechen.
- Die Übungen vertiefen die Eltern-Kind-Bindung und stärken das Vertrauen und die Nähe zwischen ihnen.

Wie werden die Affirmationen und Übungen angewandt?

- Sie können das Buch täglich nutzen (immer eine Doppelseite pro Tag). Eine Affirmation und eine dazugehörige Übung.
- Sollte das Kind den Wunsch nach mehr äußern, lassen Sie es zu und nutzen gleich mehrere Affirmationen samt den Übungen.
- Lassen Sie das Kind die Affirmation laut vorlesen oder nachsprechen.
- Wenn das Kind noch zu klein ist, lesen Sie ihm die Übung zuerst vor. Es darf gerne wiederholen, was zu tun ist. Und dann, je nach Schwierigkeit, unterstützen Sie Ihr Kind bei der Übung.

Ich bin großartig, genau so, wie ich bin!

<u>**ÜBUNG:**</u>

Nenne 5 deiner Talente!

Wenn du sie aufschreiben möchtest, dann schreib alle auf ein ganz großes Blatt Papier und hänge es dir in dein Zimmer. Dann kannst du es immer wieder anschauen und wirst daran erinnert, wie großartig du bist.

Ich bin sensibel und habe feinfühlige Antennen!

Oh ja, du hast ganz wundervolle Eigenschaften, mit denen du die Welt auf eine einzigartige Weise erleben kannst.

ÜBUNG:

Gehe hinaus in die Natur, suche dir einen schönen Platz und setze dich auf den Boden. Schließe die Augen und lausche nun genau, was um dich herum passiert. Lass dir Zeit.

Dann erzähle, was du alles gehört, gerochen und gespürt hast.

Deine Gefühle und Wahrnehmungen sind so wertvoll.

Ich bin einzigartig und wundervoll!

Es ist okay, wenn ich mich
manchmal anders fühle.

<u>ÜBUNG:</u>

Sag es ganz laut und wiederhole es
3 Mal.

Ich bin einzigartig und wundervoll!
Ich bin einzigartig und wundervoll!
Ich bin einzigartig und wundervoll!

Ich bin wie Superman oder Superwoman. Ich habe besondere Kräfte!

<u>**ÜBUNG:**</u>

Schließe deine Augen, lege die Hände auf dein Herz und stelle dir vor, du bist Superman oder Superwoman.

Wie fühlt sich das an? Beschreibe es genau.

Und nun erzähle, wie du mit deinen eigenen Superkräften (Talenten) die Welt zu einem schöneren Ort machen kannst!

Sei stolz auf deine vielseitigen Talente, und nutze sie so oft es geht, um Gutes zu tun!

Meine Sensibilität ist eine besondere Stärke!

Eigentlich bist du wie eine Zauberin oder ein Zauberer – wusstest du das? Deine Sensibilität ist wie ein magischer Zauberstab, der dir besondere Kräfte verleiht. Du kannst Dinge spüren, die nicht jeder spürt, und nimmst viel mehr in deiner Umgebung wahr als andere in deinem Alter – all das macht dich einzigartig und besonders.

<u>ÜBUNG:</u>

Setze dich und mache es dir gemütlich. Denk mal darüber nach und erinnere dich an solche besonderen Momente. Reise in Gedanken nochmal dort hin, lass das Gefühl sich in dir ausbreiten und dann erzähle jemandem von diesem besonderen Moment. Du kannst sehr stolz auf deine sensible Art sein, die dich zu wundervollen Dingen führt!

Ich darf Fehler machen, das ist total in Ordnung!

Fehler zu machen ist Ordnung. Stell dir vor, dass jeder Fehler wie ein kleines Abenteuer ist, bei dem du jedesmal etwas Neues lernst.

<u>ÜBUNG:</u>

Denke an einen Fehler, den du vor Kurzem gemacht hast. Erzähle oder schreibe auf, was genau passiert ist und was du daraus gelernt hast. Du wirst erkennen, dass du bei jedem Fehler ein bisschen schlauer wirst.

Ich bin stark, auch wenn ich mich mal unsicher fühle!

Das bist du! Stark! Doch weißt du, sogar Superman hat mal einen schlechten Tag und fühlt sich unsicher, muss nachdenken oder wieder zu Kräften kommen.

ÜBUNG:

Sage dir diesen Mutmachsatz dreimal laut vor:
„Ich bin stark, auch wenn ich mich mal unsicher fühle. Ich finde Lösungen und meistere Herausforderungen."

Glaube immer an deine Stärke und an deine Fähigkeiten, ein Problem zu lösen.

Ich bin wundervoll, mit all meinen Stärken und Schwächen!

<u>ÜBUNG:</u>

Suche oder gestalte dir eine Schatzkiste. Schreibe all deine Stärken auf kleine Zettel und lege sie in die Schatzkiste (oder lass sie für dich aufschreiben).

Du kannst auch noch andere Gegenstände und Schätze dazulegen.

Denk mal darüber nach: Wie können deine Stärken dir helfen, deine Ziele zu erreichen? Und wenn du magst, teile deine Gedanken mit deinen Eltern oder Freunden.

Du bist einzigartig – vergiss das NIE!

Ich weiß mir zu helfen, wenn ich überfordert bin!

Kennst du schon die 4-7-8-Atemübung?
Bei dieser Übung konzentrierst du dich auf deine Sinne und sie wird dir helfen, wenn du überfordert bist.
Probier es einfach aus!
Nimm dir unbedingt Zeit für diese Übung und erforsche jeden Sinn ganz bewusst.

1. Setze oder lege dich bequem hin.
2. Atme durch die Nase ein und zähle langsam bis vier, während du durch die Nase einatmest.
3. Versuche langsam und gleichmäßig in den Bauch zu atmen.
4. Halte den Atem an und zähle bis sieben. Es soll einfach gehen, wie das Zählen von Sternen am Himmel. Bitte zwinge dich nicht oder presse.
5. Atme durch den Mund wieder aus und zähle dabei langsam bis acht.
6. Versuche beim Ausatmen, die Luft so langsam wie möglich abzulassen.
7. Wiederhole diesen Vorgang zwei- bis viermal, je nachdem, wie lange du entspannen möchtest, und es dir hilft.

Ich bin dankbar für die wunderbaren Talente, die ich besitze!

ÜBUNG:

Heute bist du ein Entdecker, eine Entdeckerin. Verkleide dich ein bisschen (Pirat, Prinzessin, Indianer, ganz egal – sei kreativ). Lege drei deiner Lieblingsgegenstände in die Mitte deines Zimmers. Deine außergewöhnliche Kleidung passt prima zu einer verrückten Aktion. Also laufe nun gutgelaunt um diese Gegenstände und rufe laut: „Ich besitze besondere Talente." Wiederhole diesen Satz 5–10 Mal.

Kannst du spüren, wie lustig das ist und wie gut dir diese Worte tun?

Wenn du jetzt magst, nimm dir ein leeres Buch oder ein großes Blatt und schreibe dort all deine Talente auf. Das ist super, denn nun kannst du immer darauf schauen und wirst daran erinnert, wie toll du bist, mit all den besonderen Talenten. Du kannst die Liste immer wieder erweitern. Feiere dich und deine Talente. DU bist ein wundervolles Kind.

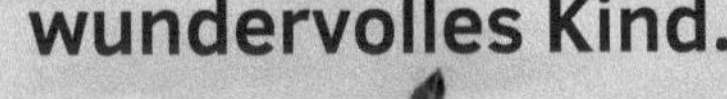

Ich bin nie alleine,
denn liebe
Menschen sind
immer für
mich da!

Es ist so schön zu wissen, dass man nicht alleine ist. Du hast liebevolle Menschen, die immer für dich da sind. Dafür kannst du wirklich dankbar sein!

<u>ÜBUNG:</u>

Überlege dir, wer deine fünf Herzmenschen sind! Denke an eine bestimmte Situation, die sich gut angefühlt hat, in der sie für dich da waren und dich unterstützt haben.

Womit könntest du Ihnen eine Freude machen? Denke dir etwas Schönes aus und überrasche sie. Es muss nichts Großes sein. Vielleicht ein gemeinsamer Spaziergang, ein gemütlicher Spielenachmittag, etwas Selbstgebasteltes oder einfach nur ein ehrliches Gespräch. Zeige ihnen, wie sehr du sie magst und froh bist, dass sie für dich da sind.

Meine Ideen sind außergewöhnlich und toll!

Das ist absolut fantastisch!
Du hast einen riesigen Schatz an
außergewöhnlichen Ideen, die in dir
schlummern und nur darauf warten,
entdeckt zu werden. Hab immer den Mut,
alle Ideen zu verwirklichen. Deine Ideen
sind genau wie DU ganz besonders und
einzigartig. Mit deinem Potenzial kannst
du die Welt auf positive Weise verändern.

<u>ÜBUNG:</u>

Führe ein Tagebuch mit all deinen Ideen.
Oder male sie auf ein Bild. Vielleicht siehst
du all die Ideen wie einen Garten. Deine
Ideen sind wie Samen, die gepflanzt
werden wollen, dann wachsen und
irgendwann Früchte tragen. Alles ist
möglich – glaube immer an dich und an all
deine Ideen und besonderen Talente.

Ich bin einfühlsam und ein toller Freund/Freundin!

Du hast eine so tolle Gabe:
Einfühlsamkeit zu besitzen, ist
großartig.

Für dich braucht es keine Worte, du
spürst, wenn jemand traurig ist, und
kannst Trost spenden. Du bist sehr
fürsorglich, ein echter Freund/eine
echte Freundin, und das merken die
anderen Kinder und sie mögen dich
sehr.

Sei stolz auf diese Fähigkeit. Behalte
das unbedingt bei und sei für andere
da. Solche Freunde wie dich vergisst
man nie und möchte sie für immer
behalten.

Die Natur ist meine Krafttankstelle. Dort kann ich mich auftanken und bin glücklich!

Die Natur schenkt uns jeden Tag so viele kostbare Geschenke. Sie bietet uns Ruhe und Entspannung und gleichzeitig können wir auch Kraft tanken.

<u>ÜBUNG:</u>

Erzähle doch mal, welche Aktivitäten machen dir in der Natur am meisten Spaß? Nenne 5!
Was lässt dein Herz dort draußen höherschlagen? Versuche, das Gefühl zu beschreiben, das du in diesen Momenten fühlst.

Ich darf all meine Gefühle willkommen heißen!

Alle Gefühle sind wichtig und gehören zu dir!

<u>ÜBUNG: DIE GEFÜHLSZÜGE</u>

Stell dir einen Bahnhof vor, der dir gehört. Dort gibt es den Freudezug, den Wutzug, den Angstzug und den Traurigzug.

Wenn du das nächste Mal die Wut spürst, kannst du sie kurz begrüßen. Frage sie, warum sie da ist. Dann packst du sie in den Wutzug und lässt ihn abfahren.

Das Gleiche kannst du mit anderen Gefühlen machen.

<u>Ausnahme!</u> Der Freudezug ist immer da! Wenn du magst, kannst du ihn in dein Herzen einladen, damit er dich begleitet, während du die anderen Gefühle begrüßt und ziehen lässt.

So kannst du lernen, dass all deine Gefühle kommen und gehen, und du findest immer wieder zurück zur Freude und zum Glück.

Ich bin ein achtsames Kind und gehe liebevoll mit allen Lebewesen um!

Das ist so schön, dass du mit allem auf unserer Erde so lieb und achtsam umgehst.

ÜBUNG: Naturdetektiv

Vielleicht hast du draußen in der Natur einen Lieblingsplatz? Dann gehe genau dorthin, Hauptsache, du bist in der Natur.
Erkunde nun die Natur mit all deinen Sinnen. Schließe deine Augen und erkunde alles um dich herum: Welche Geräusche hörst du? Was kannst du riechen? Welche Farben hast du gesehen, bevor du die Augen geschlossen hast?

Wenn du magst, kannst du dir 5 besondere Dinge aus der Natur aussuchen und sie mitnehmen. Gib ihnen einen besonderen Platz in deinem Zimmer, im Garten oder in einem Blumentopf. So kannst du dich auch drinnen immer an die Schönheit der Natur erinnern, wenn du sie anschaust.

Ich darf traurig sein, denn es ist wichtig, meine Gefühle zu fühlen!

Du darfst traurig sein. Traurigkeit ist wie die Freude, Angst oder Wut ein Gefühl und gehört zu unserem Leben. Es ist wichtig, dass du deine Gefühle fühlst und annimmst. Wenn du verstehst, warum du traurig bist, kannst du besser damit umgehen und dich schnell wieder besser fühlen.

ÜBUNG: MEIN BRIEF AN DIE TRAURIGKEIT

Schreibe der Traurigkeit einen Brief und drücke alle traurigen Gedanken und Gefühle aus. Berichte auch, warum du dich traurig fühlst und was du dir wünschst, damit es dir wieder besser geht. Anstatt einen Brief zu schreiben, kannst du all das auch jemandem erzählen. Was würde in deinem Brief stehen?

Ich werde immer geliebt und unterstützt, egal was passiert!

Ja, du wundervolles Kind, du wirst bedingungslos geliebt. So wie du bist, mit all den Talenten, Stärken und Schwächen. Du musst nichts besser machen, du wirst geliebt. Welchen Fehler du auch machst, dich Wutausbrüche aufsuchen, du bist nicht alleine. Du hast immer Menschen um dich herum, die dich unterstützen und für dich da sind, egal was passiert.

Denke immer daran, dass du nie alleine bist, und es in Ordnung ist, wenn du deine Gefühle zeigst. Du wirst geliebt, genau so, wie du bist.

Ich bin mutig, auch wenn ich mal Angst habe!

Mut bedeutet nicht, niemals Angst zu haben, sondern trotz Angst vorwärtszugehen. Du bist sehr mutig, denn du stellst dich deiner Angst und gehst einfach weiter, auch wenn es manchmal schwer ist. Du kannst sehr stolz auf dich sein.

ÜBUNG: MEIN MUTIGER BRIEF AN MICH SELBST

1. Nimm dir Stift und Papier und schreibe einen Brief an dich selbst. Erinnere dich an die mutigen Dinge, die du schon gemacht hast.
2. Schreibe auch auf, wie es dir dabei ergangen ist! Was hast du gefühlt? Wie war es, trotz der Angst weiterzumachen und dich nicht davon abhalten zu lassen?
3. Suche dir einen ganz besonderen Umschlag, verziere ihn, stecke den Brief hinein und klebe ihn zu.
4. Bewahre ihn gut auf, und wenn du wieder erinnert werden möchtest, wie mutig du warst, öffne ihn und lies deine Zeilen nochmal durch.

Ich darf meine eigenen Grenzen setzen und für mich selbst einstehen!

Es ist wichtig, dass du deine eigenen Grenzen kennst! Du darfst spüren und erkennen, wann du genug oder überfordert bist. Dann nimm dir Zeit für dich und mach eine Pause, oder tue das, was dir guttut.
Auch wichtig ist, dass du NEIN sagen darfst, wenn dir etwas unangenehm ist oder du dich bei etwas nicht wohlfühlst. Nein zu sagen, bedeutet, auf dich selbst aufzupassen und deine eigenen Gefühle wichtig zu nehmen.

<u>ÜBUNG:</u>

Was sind deine 5 Lieblingsbeschäftigungen, bei denen du dich so richtig wohlfühlst und es dir super gutgeht?
Zähle sie auf und bechreibe, wie du dich dabei fühlst.

Ich kann alles schaffen, auch wenn es manchmal schwierig ist!

Denke immer daran: Du bist stark und kannst alles erreichen, wenn du daran glaubst und nicht aufgibst.

<u>ÜBUNG: MEIN STÄRKEN-ABENTEUER</u>

1. Schreibe kleine Zettel mit 10 bis 20 Dingen, die du gerne tust oder in denen du gut bist. Ganz egal, ob es Talente oder Hobbys sind.
2. Lass jemanden all diese Zettel mit deinen Stärken im Haus oder im Garten verstecken. Es ist ein bisschen wie eine Schatzsuche.
3. Wenn alles versteckt ist, darfst du sie suchen. Mit den Worten „kalt" oder „warm" wirst du zu den Zetteln gelotst.
4. Jedes Mal, wenn du einen deiner Zettel findest, darfst du laut sagen, warum diese Stärke wichtig ist und wie du sie schon genutzt hast.

Mit meiner einfühlsamen Art kann ich anderen Menschen gut helfen!

Es ist schön, anderen zu helfen! Du kannst dankbar sein, dass du so mitfühlend bist – das ist ein wundervolles Talent.

Doch du darfst dich selbst NIE vergessen. Es ist nämlich genauso wichtig, auf dich selbst zu achten.

<u>ÜBUNG:</u>

Nimm dir heute Zeit für dich. Richte die Aufmerksamkeit auf deine eigenen Bedürfnisse. Spüre genau, wie es dir geht und was du brauchst. Sei achtsam mit dir selbst und höre auf deine Gefühle. Denn wenn du gut für dich selbst sorgst, kannst du besser für andere da sein.

Na, was wirst du dir heute Gutes tun?

Mit all meinen Gaben kann ich die Welt verändern!

<u>**ÜBUNG:**</u>

Stelle dir vor, du hättest einen Wunsch frei und könntest mit deiner einzigartigen Fähigkeit etwas in der Welt verändern. Was würdest du tun?

Schließe deine Augen und lass deiner Fantasie freien Lauf. Stelle dir vor, wie du deine Fähigkeit einsetzt, um etwas Schönes oder Besseres zu schaffen. Vielleicht bist du ein talentierter Tänzer und begeistert die Menschen mit deinem Rhythmus. Oder du bist ein begabter Künstler, der die Welt mit seinen Farben und Bildern verzaubert. Vielleicht bist du auch ein einfühlsamer Zuhörer und hilfst Menschen in Not, sich besser zu fühlen. Oder vielleicht bist du jemand, der etwas Tolles entwickelt oder eine außergewöhnliche Lösung für ein Problem hat.

Was auch immer es ist, erzähle es genau. Wie würdest du deine Fähigkeit einsetzen, um etwas Tolles zu bewirken? Welche Schritte müsstest du unternehmen und wer könnte dir dabei helfen? Träume groß und lass deiner Kreativität freien Lauf! Denn mit all deinen Gaben hast du die Kraft, die Welt zu verändern.

Ich bin sehr kreativ und einfallsreich!

Ich bin kreativ und habe viele
gute Ideen. Wenn ich Dinge fühle, hilft mir
das, meine Ideen auf eine besondere
Weise auszudrücken. Meine Gefühle
machen meine Ideen noch schöner und
einzigartiger.

ÜBUNG:

Erstelle eine „Gefühlscollage" und
berichte anschließend darüber.

Suche dir nun verschiedene Sachen aus:
wie Stoffreste, Pailletten, Federn, Bilder
aus Zeitschriften oder kleine Steine oder
bunte Papierstücke. Lege alles auf ein
großes Papier und erzähle einer Person,
warum du diese Dinge ausgewählt hast
und was sie für dich bedeuten. Sage auch,
welche Gefühle du damit zeigen möchtest.

Ich entdecke gerne neue Abenteuer!

Wow, das ist so cool. Bleib immer neugierig und lass dir nie ein besonderes Abenteuer entgehen.
Zähl doch mal auf, welche tollen Abenteuer du in letzter Zeit erlebt hast, und welche Gefühle haben dich dabei begleitet?
Was möchtest du noch erleben?

<u>ÜBUNG:</u>

Schreibe eine Liste mit besonderen Dingen, die du noch dieses Jahr erleben möchtest. Du kannst sie auch alle aufzählen oder ein Bild davon malen.

Ich habe besondere Talente und kann Großartiges vollbringen!

Oh ja, du bist eine echte Wundertüte, mit all deinen besonderen Talenten.
Stelle dich vor einen Spiegel und stemme deine Arme in die Hüften. Und nun sag dir dreimal ganz laut, wie toll du bist.

Ich bin ein großartiges Kind und besitze tolle Talente.

Ich bin ein großartiges Kind und besitze tolle Talente.

Ich bin ein großartiges Kind und besitze tolle Talente.

Na, wie fühlt sich das an?

Das ist ein sehr schönes Gefühl und du solltest es dir öfter sagen. Du kannst stolz auf dich und deine besonderen Talente sein, vergiss das nie!

Ich freue mich auf jeden Tag, denn es gibt immer etwas Besonderes zu erleben!

Fantastisch! Behalte das immer bei – bleib neugierig und voller Vorfreude. Jeder Tag schenkt dir ein tolles Abenteuer. Mal ist es groß und manchmal auch nur klein, und doch bereitet es dir unglaubliche Freude.

ÜBUNG:

Halte heute genau Ausschau nach kleinen Abenteuern, die dir ein Lächeln ins Gesicht zaubern oder dich glücklich machen.
Das kann ein frecher Schmetterling sein, ein außergewöhnliches Gefühl oder eine Begegnung mit einer Person. Freue dich an kleinen Dingen, denn sie füllen das Leben mit Freude und Wundern.

Ich höre auf meinen Bauch und mein Herz!

Stell dir vor, dein Herz ist
wie ein magischer Kompass, der dir zeigt,
wohin du gehen sollst. Das ist doch
eine schöne Vorstellung, oder?
Gab es schon mal eine Situation, in der dein
Bauch, dein Herz oder deine innere Stimme dir
etwas sagen wollten?

ÜBUNG:

Lege dich auf den Rücken und mache es dir
gemütlich. Schließe deine Augen und lege eine
Hand auf dein Herz und die andere auf deinen
Bauch. Kannst du etwas spüren? Lausche mal
ganz genau. Vielleicht möchten dein Herz oder
dein Bauch dir etwas Wichtiges erzählen oder
dich an etwas erinnern.
Auch wenn du nicht gleich eine Antwort hörst,
ist das in Ordnung. Du kannst die Übung
immer wieder machen. Das wird dir helfen,
dich zu entspannen und deinen Körper besser
kennenzulernen.

Ich bin wichtig und ich werde gebraucht!

Du trägst etwas Besonderes in dir.
Du bist einzigartig und wichtig,
genau so wie du bist.

Sei freundlich zu anderen, folge
deinen Träumen und sei stolz
darauf, wer du bist und welch
wundervolle Talente du besitzt.
Denn die Welt braucht dich und
alles, was du zu bieten hast!

<u>ÜBUNG:</u>

Was magst du am meisten an dir?

Mein Lachen und meine Begeisterung sind für andere ansteckend!

Du bist ein Sonnenschein, ein Glücksbringer, und dein Lachen ist ansteckend und verbreiten Freude.

DIE LACH-ÜBUNG:

1. Suche dir jemanden aus, mit dem du diese Übung machen magst. Achtung, gleich wird es lustig.
2. Beginnt gemeinsam mit einem einfachen "Lach-Start".
3. Nutzt das „unsichtbare Telefon", bei dem ihr euch gegenseitig anruft und euch über witzige Dinge erzählt!
4. Oder ihr versucht den „Lach-Tanz", bei dem ihr ausgelassen und wild tanzt und dabei ganz laut lacht.
5. Lacht so laut und so lange ihr könnt.
6. Vergesst nicht, euch gegenseitig anzustecken und euch von der Fröhlichkeit des anderen mitreißen zu lassen.

Ich darf wütend sein. Und ich weiß, wie ich mich beruhige, um wieder glücklich zu sein!

**Es ist okay, wütend zu sein,
denn alle Gefühle sind willkommen
und gehören zu dir. Hast du dich mal gefragt,
warum du wütend bist und was genau dich
wütend gemacht hat?**

DIE DETEKTIV-ÜBUNG:

**Du darfst nun wie ein Detektiv auf eine Reise
gehen und genau schauen, was dich wütend
gemacht hat? Vielleicht magst du dich dazu
besonders anziehen oder dir eine große Lupe
nehmen. Versuche, zu verstehen, warum du
dich so fühlst. Erzähle es jemandem, denn
darüber zu sprechen, macht es gleich ein
bisschen leichter. Und ihr könnt euch
gemeinsam überlegen, wie du das nächste
Mal besser mit deiner Wut umgehen kannst.**

**Also, los gehts, du kleiner Detektiv. Erzähle
mal und versuche, dieses Geheimnis und den
Fall zu lösen!**

Meine Neugier und die vielen Fragen, die ich stelle, sind wichtig und wertvoll!

Höre niemals damit auf! Es ist großartig, Fragen zu stellen und neugierig zu sein. All das zeigt, dass du großes Interesse hast, die Welt um dich herum zu verstehen. Die Neugier ist der Schlüssel zum Lernen und zur Entdeckung neuer Dinge. Jede Frage wird dich weiterbringen und dir neues Wissen und Verständnis bringen.

ÜBUNG:

Möchtest du eine außergewöhnliche Frage stellen, die du schon immer stellen wolltest, dich aber bisher nicht getraut hast? Wie lautet die Frage und wem möchtest du sie stellen?

Ich bin ein cleveres Kind!

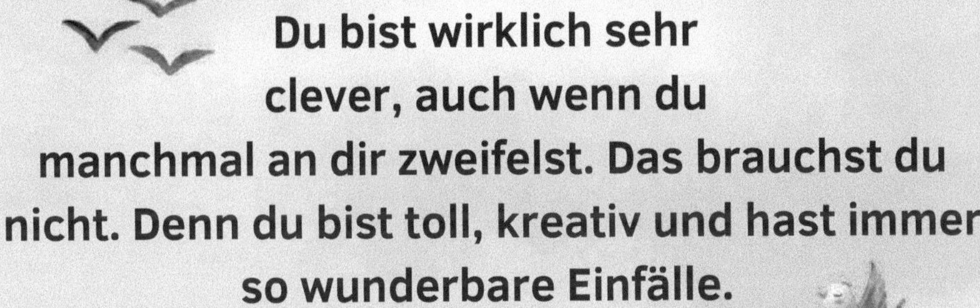

Du bist wirklich sehr clever, auch wenn du manchmal an dir zweifelst. Das brauchst du nicht. Denn du bist toll, kreativ und hast immer so wunderbare Einfälle.

<u>ÜBUNG:</u>

Stelle dir vor, du wärst ein Erfinder, eine Erfinderin und alles wäre möglich. Welche Erfindung würdest du in die Welt bringen? Nimm dir einen Moment Zeit und denke darüber nach – welches wäre deine geniale Erfindung. Wäre es etwas, was andere Menschen glücklich macht, etwas, das die Umwelt schützt, oder eine Sache, die die Welt verbessert? Male oder schreibe deine Erfindung auf. Beschreibe ganz konkret, wie sie funktioniert und welche Vorteile sie bietet. Und vergiss nie, dass du ein cleveres Kind bist, das unglaubliche Dinge erschaffen kann.

Ich habe schon sehr viel erreicht!

Wow! Du kannst wirklich sehr stolz auf
dich sein.

Du warst in den letzten Wochen sehr
mutig, neugierig und einfallsreich und
hast großartige Fortschritte gemacht.

Feiere dich selbst!

Sag dir nochmal laut:
„Ich bin so stolz auf mich. Ich habe
schon sehr viel erreicht."

Ich bin ein kleiner Sonnenschein und kann andere glücklich machen!

Es ist so toll, dass du nach anderen schaust und ihnen hilfst, ein Lächeln ins Gesicht zu zaubern, oder versuchst, sie glücklich zu machen. Aber nun schauen wir auf dich!

ÜBUNG: DEINE GLÜCKSLISTE

Nimm dir ein Blatt Papier und einen Stift und schreibe sieben Dinge auf, die dich glücklich machen. Natürlich kannst du die sieben Dinge auch sagen. Es ist wichtig, dass du dich auch um dich selbst kümmerst. Denn du verdienst es genauso, glücklich zu sein, wie die Menschen, denen du so viel Freude bereitest.

Durch meine Sensibilität kann ich die Welt auf besondere Weise wahrnehmen!

Du bist ein ganz besonderes Kind mit tollen Fähigkeiten!

Durch deine Sensibilität hast du viele „Antennen" wie ein Tausendfüßler. Das heißt, dass du Dinge spüren und verstehen kannst, die andere vielleicht nicht bemerken. Du siehst und fühlst die Welt auf eine besondere Weise. DU bist einzigartig und wertvoll. Genau solche Kinder wie dich braucht unsere Welt. Denk immer daran, dass deine Sensibilität etwas Besonderes ist und dass du damit viel Positives bewirken kannst!

<u>ÜBUNG:</u>

Wenn du magst, kannst du nun ein Bild malen, das dich und deine Sensibilität mit all den vielen Antennen zeigt.

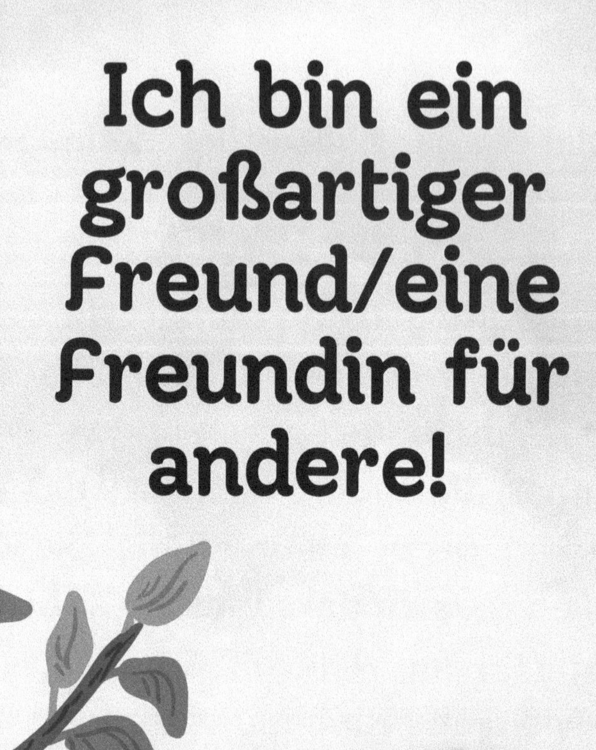

Ich bin ein großartiger Freund/eine Freundin für andere!

Deine mitfühlende Art macht dich zu einem wundervollen Freund/Freundin. Die anderen Kinder mögen dich sehr, denn du besitzt viel Verständnis und kannst ihnen gut zur Seite stehen, wenn sie Hilfe brauchen. Stimmts?

<u>ÜBUNG:</u>

Erinnere dich an eine Situation mit deinen Freunden! Beschreibe die Situation. Deine Sensibilität ist eine einzigartige Gabe, die dir hilft, dich in andere hineinzuversetzen, und du ihnen oft prima helfen kannst.

Vergiss niemals, wie besonders du bist und wie viel Freude du anderen Menschen bringst!

Ich vertraue mir selbst und weiß, dass ich alles schaffen kann!

Glaube an dich und deine Talente. Vertraue dir selbst und du wirst sehen, dass du alles erreichen kannst. Mit deinen Gedanken und Vorstellungen kannst du deine Träume zum Leben erwecken.

<u>ÜBUNG:</u>

Was ist dein aktueller Wunsch? Stelle ihn dir ganz genau vor. Beschreibe ihn ganz genau und erzähle auch, wie du dich dabei fühlst. Erinnere dich immer wieder an dieses Gefühl und du wirst staunen, wie schnell dein Wunsch wirklich in Erfüllung geht.

Ich kann immer um Hilfe und Unterstützung bitten!

Es ist überhaupt nicht schlimm,
um Hilfe zu bitten.

<u>ÜBUNG:</u>

Überlege dir, wobei du Unterstützung brauchen könntest, und bitte dann jemanden um Hilfe. Das kann ein Freund, eine Freundin oder ein Familienmitglied, vielleicht sogar eine Lehrkraft sein. Erkläre, warum du ihre Unterstützung brauchst, und bitte höflich um Hilfe. Und dann macht ihr das Projekt gemeinsam. Beobachte, wie es sich anfühlt, gemeinsam die Aufgabe zu meistern.

Merkst du, dass es sehr viel Spaß zusammen macht und zudem auch einfacher ist? Es ist großartig, wenn man sich gegenseitig unterstützt!

Ich glaube an meine Träume und werde sie wahr werden lassen!

Erstelle eine Traumcollage!

Sammle Bilder, Fotos oder Zeitschriftenausschnitte, die deine Träume zeigen. Klebe alles auf ein großes Papier, verziere es mit Konfetti, Federn oder was du sonst noch hast.

Hänge es in deinem Zimmer auf und jedes Mal, wenn du deine Traumcollage anschaust, erinnerst du dich an deine Träume. Glaube immer ganz fest daran und lass sie in Erfüllung gehen.

Komm in meine Community!

Komm in meine Community! Möchtest du exklusive Einblicke in meine Welt voller inspirierender Geschichten und wertvoller Tipps für Klein und Groß erhalten?

Dann komm in meine Community und verpasse keine Infos, Verlosungen und Retreats mehr! Es gibt immer etwas Tolles bei mir. Mal darfst du kostenlos meine Bücher testlesen, erhältst Rabatte oder Geheimtipps aus meinen Bereichen: Welt der Bücher, Hochsensibilität, Selbstliebe, Mindset oder Beziehungen. Sei dabei und entdecke gleichzeitig auch das Potenzial in dir für ein erfülltes Leben. Ich freue mich darauf, dich in meiner Newsletter-Familie zu begrüßen!

Deine Astrid

www.astridschneider.com

Weitere Bücher von mir!

Für Kinder:

Einfach QR Code
scannen
und meine Bücher
entdecken.

Für Erwachsene:

Hat es dir gefallen?
Dann bewerte dieses Buch.

https://www.amazon.de/ryp

Deine Meinung ist mir wichtig, deshalb freue ich mich, wenn
du das Buch bewertest. Dazu kannst du einfach den QR Code
scannen.

Feedback und Anmerkungen gerne an:
info@astridschneider.com

Impressum:
Deutschsprachige Ausgabe 05/2024
ISBN Taschenbuch: 978-3-384-42675-8